L'énergie de la Poésie

Le Bonzaï d'Haïkus

Lydia MONTIGNY

Le Bonzaï d'Haïkus

...ou l'Energie de la Poésie...

© 2021 Lydia MONTIGNY

Éditeur : BoD-Books on Demand
12-14 rond-point des Champs-Élysées, 75008 Paris
Impression : Books on Demand, Norderstedt, Allemagne

ISBN : 978-2-3221-5566-8
Dépôt légal : Avril 2021

Livres précédents (BoD)

* Dans le Vent (VII 2017)
* Ecrits en Amont (VIII 2017)
* Jeux de Mots (VIII 2017)
* Etoile de la Passion (VIII 2017)
* As de Cœur (XI 2017)
* Pensées Eparses et Parsemées (XI 2017)
* Le Sablier d'Or (XI 2017)
* Rêveries ou Vérités (I 2018)
* Couleurs de l'Infini (II 2018)
* Exquis Salmigondis (V 2018)
* Lettres Simples de 'être simple (VI 2018)
* A l'encre d'Or sur la Nuit (X 2018)
* A la Mer, à la Vie (XI 2018)
* Le Cœur en filigrane (XII 2018)
* Le Silence des Mots (III 2019)
* La Musique Mot à Mot (IV 2019)
* Les 5 éléments (V 2019)
* Univers et Poésies (VIII 2019)
* Les Petits Mots (X 2019)
* Au Jardin des Couleurs (XI 2019)
* 2020 (XII 2019)
* Nous… Les Autres (X 2020)
* Ombre de soie (III 2020)
* Les Jeux de l'Art (IV 2020)
* Harmonie (VI 2020)
* La source de l'Amour (VIII 2020)
* Au pays des clowns (X 2020)
* 365 (XI 2020)
* L'Amour écrit… (XII 2020)
* Haïkus du Colibri (II 2021)

Tendresse de la Vie

Entre nos deux pas de deux

Danse l'infini

Ecrire l'impossible

Tromper l'insomnie de l'âme

Toujours espérer

Ecouter la mer

Son balancement léger

Chant d'un coquillage

Instant d'harmonie

La neige doucement fleurit

Musique de l'espoir

Jour de Solitude

Sans reflet dans le miroir

Etre ou ne pas être

Flocons voletant

Les rives du lac silencieux

Un cygne passe

Jour de vendanges

Pour les merles affamés

Bouchon de champagne

Des vers à l'envers

Souriant aux souvenirs

La chauve-souris rit

La rose des mots

S'épanouie aux quatre vents

Soleil au zénith

Soleil au zénith

Funambule entre deux arbres

Vertige vertical

Matin de printemps

D'un émoustillant ballet

Les nids s'arrondissent

En chaque saison

S'écoule celle d'avant

La vie se souvient

Une araignée tisse

Entre deux grands catalpas

Attrape-rêve indien

L'océan de fleurs

La respiration du vent

L'hirondelle est là

Le vent dans la cloche

Ebrèche le silence

Mantille dans le ciel

Echarpe de brume

Flottant sur le lac d'argent

Le flamant rose

Doux chant printanier

Au milieu des amandiers

Mes idées butinent

Marcher les pieds nus

Cueillir des fleurs du silence

Ecouter ton Cœur

Faire une halte

Sur le chemin oublié

Comprendre le temps

Jour d'indulgence

Dans le reflet du miroir

Muette imitation

A travers un store

Blanche note sur partition

Lune musicale

Marcher dans la nuit

Pas de loup ou pas de lune

La forêt hulule

Chemin sous les pas

Du secret de l'espérance

Le sage se tait

Force tranquille

Que le temps n'arrête pas

L'éléphant le porte

Soleil suspendu

Dans les branches bleues du ciel

Confettis de fleurs

Penser doucement

Dans la force du silence

L'amour a raison

Créer par hasard

Une volonté du destin

Naissance de l'Art

Neiges printanières

Flocons roses et pétales blancs

Les saisons se marient

Marquer une page

Par un galet mal poli

Le vent est curieux

Jour de faiblesse

Un silence réfléchit

Après la sieste

Lumière dans le soir

Ephémère sur un miroir

Instant réfléchi

Un été indien

Souffle tendre de la vie

El condor pasa

Printemps noir et blanc

Art des mathématiques

Nid de « 3,14 »

Jour de silence

Le temps passe doucement

Bruit d'une larme

Perles de lumière

Corolles de jonquilles

L'aurore butine

Orange et citron

Horizon s'arcboutant

Soleil provençal

Horizon de haut en bas

Grande fresque de l'amour

Arbre horizontal

Temps d'oisiveté

Le chemin de la mémoire

Mélodie en morse

Clapotis du lac

Rives roses des cerisiers

Libellule bleue

Poésie d'un jour

Invisible musique

Indéchiffrable

Offrir une étoile

Peindre le monde en sourire

Fondre dans tes yeux

Mystérieuse jungle

Voix dans les feuilles vertes

Saut d'un petit singe

Écume blanche

Lagune bleue parfumée

Bulles de savon

Aube du printemps

Une chenille mesure une feuille

La dentelle verte

Brume matinale

Glissement entre les doigts

Rayon solaire

Clair de lune -

Un parfum de fleurs frappe doucement

A la porte

Inventer demain

Le regard sur l'horizon

Les cœurs enlacés

Cliquetis de bois

Bicyclette sur un pont

Le souffle de l'air

Lac des souvenirs

Elégance d'un cygne

Reflet d'un sourire

Confettis de mots

Caresse d'une tempête

Amour vagabond

Une coccinelle

S'éveille dans le matin blanc-

Trèfle à quatre feuilles

Les pierres parlent

Sculptant l'histoire du monde

A travers l'instinct

Et la sagesse des hommes

Etincelles de pyrite

Printemps dans le vent

Tourbillon de papillons

Une chrysalide

Troupeau de nuages

Nénuphar blanc sur le lac

La transhumance

Réveil sous la pluie

Odeur de fleurs musicales

Rester allongé

Jour de rangement

Dans le jardin des pensées

Herbier chimérique

Une ombre respire

Calme vide de l'esprit

La pluie de soleil

Une photographie-

Le souvenir du présent

Aux mains du passé

Un vieux saule pleureur

Un chuchotis d'eau vive

Le moulin tourne

Les yeux dans les yeux

L'invisible du monde

Le temps disparaît

Etrange nuit claire

Présence invisible

Echo solitaire

Invisible Amour

Le silence pardonne

Secret de la force

Une cloche sonne

Des oisillons dans un nid

Le chat immobile

Repasser les feuilles

D'une brise printanière

Un fer à cheval

Fonte des neiges

Rochers émeuvent le torrent

Les deux pieds dans l'eau

Jour de solitude-

Les larmes du silence

Ignorent l'écho

Harmonie du corps

Délicatesse du geste

Le cœur en étoile

(La danseuse étoile)

Aquarelle pure

Trouble du jardin secret

Camaïeux d'Amour

Graines de l'automne

Devenant feuilles au printemps

Ecureuil surpris

La Seine coule

Sous un pont solitaire

Chut ! Paris by night

Un instant de doute

Le cœur ne fait pas d'erreur

La rose bleue

Une galerie d'art

Signée par d'illustres inconnus

Naturellement

Soupir d'une plume

Voletant dans le calme-

Douce quiétude

Jour de liberté

Respirer en souriant

Le printemps de l'air

Escale dans le ciel

Une étoile dans tes yeux

Poésie câline

Peindre simplement

Un seul trait une seule couleur

L'esprit fait le reste

Marcher dans la nuit

Des forêts et des grands lacs

Croire à chaque pas

Haïku sur un mur

Regarde l'inachevé

Une éternité